EDITION XXL

Das Rätsel um das steinharte Brot

Bäcker Pumpernickel hat beim Supermarkt von Huckles Vater Weizenmehl bestellt, das der Kater nun ausliefert. „Zehn Säcke Mehl!", staunt Egon, der Wurm. „Das ist eine ganze Menge!" „Bäcker Charly und ich brauchen so viel Mehl, um reichlich Brot zu backen", entgegnet Pumpernickel. „Genug Brot, damit es für alle Bewohner in Busytown reicht", fährt Charly fort.

John, der Maurer, trägt auch mehrere Säcke in die Bäckerei. ,,Ja was denn, bringen Sie etwa noch mehr Mehl?", möchte Egon von ihm wissen. ,,Nein, das sind doch keine Mehlsäcke", antwortet John. ,,Ich bringe Zement!"

,,Wird damit etwa auch Brot gebacken?", fragt Egon. Pumpernickel erklärt ihm, dass John ihm einen weiteren Ofen baut. ,,Dann fange ich gleich mit dem Bauen an", meint John. ,,Und ich fange mit dem Brotbacken an", sagt Pumpernickel. Also verabschieden sich Huckle und Egon und verlassen die Bäckerei.

John schüttet den Inhalt eines Zementsacks in den Bottich. Auch Charly nimmt einen Sack und kippt den Inhalt in einen Teigbehälter.

Dann streicht John den Zement auf die Ziegelsteine und mauert Stein auf Stein. Der Ofen wird immer größer. Schon bald ist Johns Zement verbraucht. „Es wird Zeit, dass ich noch mehr Zement anrühre", sagt John. Bäcker Charly meint daraufhin: „Und für mich wird es Zeit, noch mehr Brotteig anzurühren."

,,Huckle, Egon!", begrüßt Pumpernickel die beiden Freunde, als sie zurückkommen. ,,Ihr kommt genau richtig. Eine neue Ladung des frischesten Brotes in Busytown ist gerade fertig geworden. Sucht euch eines aus!"

,,Danke sehr, Bäcker Pumpernickel", freut sich Huckle. ,,Komm Egon", sagt er zu seinem Freund. ,,Such du ein Brot für uns aus!"

Als Huckle ein Brot aus dem Backwagen nimmt, fällt es ihm fast auf den Boden. „Oah!", ruft er überrascht. „Das Brot ist ja viel schwerer, als ich gedacht habe!"

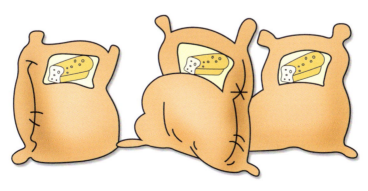

Egon kann es gar nicht erwarten, wieder nach Hause zu kommen. Er hat mit Huckle ausgemacht, zum Mittagessen ein paar Arme Ritter zuzubereiten. Ihm knurrt schon der Magen. Huckle schleppt den Brotlaib zu seinem Auto. Er ist wirklich ganz schön schwer!

In der Stadt hält Huckle sein Auto an, weil er komische Geräusche hört. „Klingt so, als wäre mit meinem Auto etwas nicht in Ordnung", meint Huckle besorgt. Die Schweinchen Ohja und Ohnein wollen ihm helfen. Doch schon bald merkt Huckle, dass die Geräusche aus Egons hungrigem Magen kommen. Auch Ohja und Ohnein haben großen Hunger. Huckle lädt sie zum Essen ein.

Als sie zu Hause angekommen sind, versucht Huckle, ein paar Scheiben von dem frischen Brot abzuschneiden. Aber, wie merkwürdig: Es ist steinhart und lässt sich einfach nicht schneiden! „Na sowas! Ich glaube nicht, dass wir uns Arme Ritter braten können. Wie ist es nur möglich, dass das Brot so hart ist wie Stein?", wundert sich der Kater.

„Na Huckle, was steht denn heute auf der Speisekarte?", möchte Goldbug, der rasende Reporter, wissen. Immer wenn ein Rätsel auftaucht, ist Goldbug sofort zur Stelle.

„Wieder mal ein Rätsel, Goldbug!", erzählt Huckle. „Ich weiß nicht warum, aber das Brot ist heute so hart wie Stein! Ich werde den Grund dafür herausfinden und damit ganz bestimmt das Rätsel um das harte Brot lösen!"

Die Freunde überlegen. Da hat Sally plötzlich eine Idee: „Vielleicht ist das Brot deswegen so hart, weil es gefroren ist", vermutet sie.

„Dinge werden hart, wenn sie gefrieren, so wie diese Eiswürfel." „Und sie werden auch ganz kalt, wenn sie gefrieren", fährt Huckle fort. „Das Brot ist aber nicht kalt", stellt Sally fest. „Und das bedeutet, dass es nicht gefroren ist. Es muss einen anderen Grund geben."

„Na, das wäre doch gelacht, wenn wir das Brot nicht irgendwie zerteilen könnten", denken die Zwillinge Ohja und Ohnein. Sie holen Werkzeug und versuchen vergeblich, den Laib damit zu zerkleinern. In der Zwischenzeit fahren Huckle, Sally und Egon zum Supermarkt von Huckles Vater, um ein neues Brot für den hungrigen Egon zu kaufen.

"Hallo Papa!", begrüßt Huckle seinen Vater. "Kannst du uns bitte ein Brot geben?" Egon kann vor Hunger kaum noch gerade stehen und fügt hinzu: "Und es sollte am besten schnell gehen!" "Tut mir leid. Ich würde euch ja gern eines geben", antwortet Huckles Vater. "Doch aus irgendeinem Grund ist heute jeder Brotlaib so hart wie Stein."

"Dann ist das ja ein viel größeres Rätsel, als wir gedacht haben!", ruft Huckle überrascht und möchte wissen: "Wo hast du das Brot denn her?" "Aus Pumpernickels Bäckerei", berichtet der Vater. "Am besten fragen wir Pumpernickel und den anderen Bäcker Charly nach einer Erklärung", schlägt Huckle vor. "Los, kommt mit!"

„Einfach unfassbar!", ruft Pumpernickel, als die Freunde seine Bäckerei betreten. „Stellt euch nur vor: Mein ganzes Brot ist steinhart", berichtet er verzweifelt. „Alle Leute in Busytown bringen mir das Brot zurück, weil jeder Laib so hart ist wie ein Stein!"

„Vielleicht hat es etwas damit zu tun, wie das Brot gebacken wurde", überlegt Huckle. „Aber wir haben es genauso gebacken wie immer", erklärt Pumpernickel. „Können Sie uns das zeigen?", fragt Huckle.

Also erklärt Charly Huckle und seinen Freunden genau, wie man Brot backt: „Erst wird das Mehl in den Bottich geschüttet, dazu kommen Wasser, Salz und Hefe. Dann wird gerührt und geknetet. Schließlich wird der Teig zu Laiben geformt und gebacken."

Da ruft Maurer John plötzlich: „Der neue Ofen ist fertig und angeheizt!" Bäcker Pumpernickel probiert ihn gleich mal aus. Schon bald duftet es herrlich nach frischem Brot. Alle bekommen großen Appetit.
„Das bedeutet, dass mein Brot wieder normal ist", sagt Pumpernickel erleichtert.

Als die Backzeit um ist, holt Pumpernickel das Brot aus dem neuen Ofen. Doch nein! Was ist das? Auch dieser Brotlaib ist steinhart!

Pumpernickel ruft verzweifelt: „Oh, das frischeste Brot in Busytown ist immer noch das härteste Brot in Busytown! Es ist so hart wie ... Zement!" „Dieser Brotlaib riecht ja auch nicht wie frisches Brot", meint Bäcker Charly.

"Hm, ich glaube, ich weiß jetzt, warum das Brot heute so hart ist wie Zement und warum bei dem neuen Ofen der Zement so wahnsinnig aufgebläht ist und so lecker duftet", sagt Huckle.

Schon ist Goldbug, der rasende Reporter, zur Stelle. Huckle berichtet ihm, wie er das Rätsel gelöst hat:

„Das Brot war steinhart ...

... und der Ofen roch nach frischem Brot.

Ich vermute, dass Bäcker Charly den Zement in seinen Brotteig gemischt hat. Und Maurer John hat das Mehl in die Zementmischung gerührt!" „Schon möglich", meint Goldbug, „aber wie können wir überprüfen, ob du recht hast?"

„Ganz einfach", antwortet Huckle. „Wir machen den Hungrigen-Wurm-Test!" Er holt ein Stück von dem nach frischem Brot duftenden Zement, der zwischen den Ziegelsteinen des neuen Backofens hervorgequollen ist. Dann lässt er Egon kurz daran schnuppern. „Hmmm, lecker", meint Egon. „Das duftet wie das frischeste Brot in ganz Busytown!"

„Die Zementmischung und die Mehlmischung sind also wirklich vertauscht worden", sagt Bäcker Pumpernickel. „Dann hattest du recht, Huckle!" Huckle und seine Freunde konnten das Rätsel um das steinharte Brot also lösen: Ein Hoch auf Huckle!

Das rätselhafte Ei

Es ist ein herrlicher Tag in Busytown. Die Sonne scheint und es ist wunderbar warm. Huckle, seine Schwester Sally und ihre Freunde Egon und Hilda Hippo spielen im Park zusammen Baseball.

Huckle wirft einen Ball und ruft: „Hey Egon, versuch mal, den Ball zu erwischen!" Egon verwandelt sich ganz schnell in einen Baseballschläger und ihm gelingt ein superstarker Schlag. Der Ball fliegt und fliegt.

Schon bald sehen die Freunde den Ball nicht mehr. „Der Ball landet außerhalb des Parks!", stellt Huckle aufgeregt fest.

Sally geht den Ball suchen. Am Ufer des Teichs wächst Schilf. Sie schiebt es zur Seite und sucht dort nach dem Ball. „Ich frage mich, wo er hingeflogen ist. Hier irgendwo muss er doch sein!", sagt sie.

Plötzlich sieht sie im Gras etwas liegen. „Gefunden!", ruft Sally glücklich. Doch dann betrachtet sie das Ding genauer und stellt überrascht fest: „Moment, das ist ja gar nicht der Ball!"

Die Freunde schauen sich das Ding an, das Sally gefunden hat. Es ist nicht rund. Es ist auch nicht weiß wie der Ball, den Egon so weit geschlagen hat. Sally, Huckle, Egon und Hilda Hippo stellen erstaunt fest: „Das ist ein Ei!" Es ist beige und hat viele Punkte. Da kommt auch schon Goldbug, der rasende Reporter, angefahren.

Goldbug ist sofort zur Stelle, wenn in Busytown etwas Rätselhaftes geschieht. „Die Suche nach Egons Ball hat zu einer unerwarteten Wendung geführt", kommentiert Goldbug, was im Park passiert ist.

Er befragt Huckle: „Du warst einer der Ersten am Ort des Geschehens. Kannst du uns verraten, wo dieses Ei herkommt?" Huckle vermutet: „Es muss wohl aus einem Nest gefallen sein." Goldbug fährt fort: „Und was denkst du, wo dieses Nest zu finden ist?"

„Das ist ... wieder mal ein Rätsel!", ruft Huckle begeistert. Und wenn es darum geht, knifflige Rätsel zu lösen, sind Huckle und seine Freunde die Besten! „Also schön", meint Huckle. „Es geht darum herauszufinden, wo das Ei herkommt, und es wieder dahin zurückzubringen." Er und seine Freunde sind gespannt auf die Lösung des Rätsels um das herrenlose Ei.

„Wo fangen wir denn an zu suchen, Huckle?", fragt Sally. Sie schaut Huckle ratlos an. „Hmm, lass uns mal überlegen ...", meint Huckle nachdenklich und kratzt sich am Kinn. „Wo kommen Eier denn her?", fragt er.

„Im Supermarkt gibt es Eier", sagt Egon. „Ja, Dutzende von Eiern sogar!", meint Hilda Hippo. „Dann müssen wir da auch zuerst hin", schlägt Huckle vor. „Suchen wir nach Eiern in Busytown!", fordert er seine Freunde auf. Also fahren sie alle zusammen durch die Stadt zum Supermarkt.

Als sie dort angekommen sind, gehen sie gleich zum Kühlregal. Huckle nimmt eine Eierschachtel heraus. „Los geht's, untersuchen wir diese Eier!", sagt er und öffnet die Schachtel. Neugierig schauen ihm Sally, Egon und Hilda Hippo dabei über die Schulter. Ob sie in der Schachtel eine Lösung für das Rätsel finden werden?

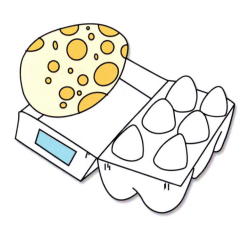

Die Eier in der Schachtel sind weiß. „Unser Ei ist aber beige und es hat Punkte!", stellt Sally fest. Huckle meint: „Das bedeutet, dass unser Ei von irgendwo anders herkommen muss. Aber von wo?"

Da ruft Sally erstaunt: „Etwas klopft in diesem Ei!" „Und es versucht herauszukommen!", fährt Huckle fort. „Vermutlich ist es ein Vogelei, und es hört sich so an, als hätten wir nicht mehr viel Zeit, um es in sein Nest zurückzubringen", sagt er. „Los, beeilen wir uns!", fordert er seine Freunde auf:

Für die Suche nach dem Nest legt Sally etwas Stroh in den Seitenwagen ihres Motorrollers. Das Ei legt sie vorsichtig dort hinein. „Keine Angst", sagt sie zu dem Ei. „Ich werde gut auf dich aufpassen. Und du machst es dir gemütlich, bis wir dein richtiges Nest und deine Mutter gefunden haben. Bald bist du wieder zu Hause."

Die Freunde sehen einen blauen Vogel und fragen sich, ob das wohl die Vogelmutter sein könnte, die sie suchen. ,,Kommt, Leute! Folgen wir dem Vogel! Er wird uns zu seinem Nest führen'', ruft Huckle den anderen zu. Sie verfolgen das Tier kreuz und quer durch die Stadt.

Als sie das Nest des blauen Vogels gefunden haben, möchte Sally das Ei hineinlegen. Aber es passt überhaupt nicht hinein. Das Ei ist viel zu groß! Es handelt sich wohl um das falsche Nest.
Die Freunde müssen also ein größeres Nest finden, und einen größeren Vogel.

Und tatsächlich finden sie auch schon bald ein größeres Nest von einem großen schwarzen Vogel. Darin liegen ein paar Eier. Auch diese Eier sind beige. Sally legt ihr Ei dazu und stellt fest: „Sie haben sogar die gleiche Größe!" Dann bemerkt Huckle enttäuscht: „Aber es ist trotzdem nicht das richtige Nest. Dieses Ei hat Punkte, die Eier im Nest nicht. Also müssen wir weitersuchen."

Ein paar Straßen weiter stolpern sie über Herrn Tollpatsch, der mitten auf dem Gehweg liegt. Er ist nach hinten umgekippt, weil er einen Vogel beobachtet hat, der ganz hoch oben im Baum sitzt. „Der Blauschwanzfink ist eine seltene Vogelart", erklärt er Huckle. „Das Weibchen sitzt gerade im Nest auf den Eiern."

„Eiern?", fragt Huckle. „Wie ist die Farbe der Eier?", möchte er wissen. „Hell, mit vielen Punkten", erklärt Herr Tollpatsch. „Das sehen wir uns an!", sagt Huckle sofort.

Huckle stellt sich auf die Schultern von
Hilda Hippo und legt das Ei in das Nest
neben die anderen Eier. Er vergleicht sie miteinander
und stellt enttäuscht fest: „Oh nein! Das ist leider auch
nicht das richtige Nest. Unser Ei sieht ganz anders aus.
Die Punkte auf diesen Eiern sind zu klein. Unseres hat
größere Punkte."

„Ich hab ja gar nicht gewusst, dass es so viele verschiedene Arten von Eiern gibt", meint Sally ratlos.

In der Zwischenzeit wird es in dem Ei immer lauter. Es bleibt keine Zeit mehr, um nach dem richtigen Nest zu suchen. Plötzlich bricht die Schale auf und ein niedliches gelbes Küken schlüpft heraus: „Quack, quack ...", macht das kleine Tier.

Da kommt den Freunden eine Idee, um welchen Vogel es sich hier handelt: Es muss wohl eine Ente sein! „Da haben wir ja an den völlig falschen Plätzen gesucht", sagt Huckle. „Wir müssen am Wasser suchen!"

Die Freunde laufen zurück zum Park. Dort ist der Teich, an dessen Ufer Sally das Ei gefunden hatte. Und da finden sie auch das richtige Nest!

Kaum ist das Rätsel gelöst, ist auch schon Goldbug zur Stelle. Sofort berichtet Huckle dem rasenden Reporter, wie er und seine Freunde das Rätsel lösen konnten:

„Wir haben unser Ei mit den Eiern aus dem Supermarkt verglichen. Die waren aber einfach nur weiß.

Dann haben wir das herrenlose Ei mit den Eiern von drei Vogelnestern verglichen. Entweder hat die Größe oder das Muster nicht mit denen von unserem Ei übereingestimmt.

Beim Teich im Park haben wir dann das richtige Nest gefunden. Es war ein Entennest!"

„Und so ist durch Huckle, seine Schwester Sally und ihre Freunde Egon und Hilda Hippo wieder einmal ein spannendes Rätsel gelöst worden!", ruft Goldbug begeistert in sein Mikrofon. Du kannst so etwas auch! Ein Hoch auf Huckle! Ein Hoch auf die besten Freunde in Busytown!

Das Rätsel um das verschwundene Wasser

Es ist ein heißer Sommertag. Die Pflanzen im Garten brauchen dringend Wasser. Huckle und seine Schwester Sally schließen den Gartenschlauch an das Regenfass an und gießen die Blumen. „Wie viel Wasser ist noch im Fass, Sally?", möchte Huckle wissen.

„Nichts mehr, Huckle. Das war der Rest!", antwortet Sally. Huckle und Sally beschließen, zum Badeteich zu fahren. „Jetzt sind wir ja fertig mit dem Blumengießen", meint Huckle. „Und die haben es auch gebraucht!", sagt Sally. „Heute Morgen haben sie alle die Köpfe hängen lassen und jetzt stehen sie wieder ganz fröhlich in die Höhe."

Huckle und Sally fahren zum Badeteich. Egon fährt auch mit. An so einem heißen Tag muss man sich einfach abkühlen!

Auf dem Parkplatz des Badeteichs treffen die Freunde Familie Hase. Die Hasenfamilie sieht traurig aus und geht schon wieder nach Hause. ,,Es tut mir leid, euch das sagen zu müssen", meint Vater Hase. ,,Aber der Badeteich ist verschwunden!" ,,Verschwunden?", rufen Huckle und Sally entsetzt. ,,Wie kann so etwas denn nur passieren?"

Huckle, Sally und Egon laufen zum Teich. Tatsächlich! „Oje! Das Loch des Badeteichs ist da. Aber das Wasser ist fort!", stellt Egon bestürzt fest. „Was ist nur mit dem Wasser passiert?" Sally sagt: „Gestern ist das Loch doch noch voller Wasser gewesen!" „An einem Tag voll, am nächsten leer ...", grübelt Huckle. „Wieder haben wir ein Rätsel zu lösen!", ruft er entschlossen.

Da kommt auch schon Goldbug angeflogen. „Ich bin diesmal in der Nähe von Bauer Patricks Hof, wo sich die Lage zu einem neuen Rätsel entwickelt hat", berichtet der rasende Reporter. „Was kannst du uns darüber erzählen, Huckle?" „Also", beginnt der Kater, „das ganze Wasser aus dem Badeteich ist über Nacht verschwunden. Und ich werde herausfinden, wo es geblieben ist. Ich werde das Rätsel um das verschwundene Wasser lösen!"

Auch die Schweinchen Ohja und Ohnein wollen im Teich baden. Gemeinsam mit Huckle, Sally und Egon suchen sie nach Hinweisen für das Verschwinden des Wassers. Plötzlich stolpert Ohnein über ein Rohr. „Jetzt werden wir dem Rohr bis zum anderen Ende folgen", schlägt Huckle vor. „Kommt, los!"

Nach einer Weile verschwindet das Rohr wieder im Boden. Doch Sally findet zum Glück gleich die Stelle, an der es wieder herauskommt. „Wenn das Wasser durch das Rohr geflossen ist, dann kam es hier heraus", vermutet Huckle. „Aber wohin ist es dann geflossen?", überlegt Egon.

"Hey, da ist Bauer Patrick!", ruft Sally auf einmal. "Vielleicht weiß er, wohin das Wasser geflossen ist." Doch da entdecken die Freunde einen Lastwagen mit einem Wassertank. "Du musst ihn nicht fragen, Sally. Ich glaube, jetzt weiß ich, wohin das Wasser geflossen ist", sagt Egon. Sie beschließen, dem Lastwagen zu folgen.

Der Lastwagen fährt zur Abfüllanlage für Mineralwasser. Die Freunde fragen, ob das Wasser des Badeteichs vielleicht in den Sprudelflaschen gelandet ist.

Sie erfahren, dass Badewasser auf keinen Fall als Mineralwasser verkauft werden darf. Weil es so heiß ist, dürfen sich alle ein paar Flaschen Mineralwasser zum Trinken mitnehmen. Ohnein und Ohja haben besonders großen Durst.

„Was kann denn nur mit dem Wasser aus dem Teich passiert sein, Huckle?", möchte Egon wissen, als sie die Abfüllanlage verlassen. „Ich habe keine Ahnung", antwortet Huckle ratlos.

Als die Feuerwehr vorbeifährt, hat Sally plötzlich eine Idee: „Hey, und wenn die Feuerwehr das Wasser aus dem Badeteich verwendet hat, um ein Feuer zu löschen?"

Die Freunde fahren zur Feuerwehr, um die Sache zu überprüfen. „Unser Feuerwehrwagen darf Wasser aus Flüssen, Seen und Swimmingpools pumpen, wenn kein Hydrant in der Nähe ist", erklärt einer der Feuerwehrleute.

„Aus Badeteichen auch", fährt ein anderer Feuerwehrmann fort. „Aber wir haben noch nie Wasser aus eurem Badeteich geholt. Außerdem hat es in Busytown zum Glück schon lange kein Feuer mehr gegeben."

Um herauszufinden, wo das Wasser aus dem Badeteich geblieben ist, fahren alle zurück zu der Stelle, an der das Rohr aus dem Boden kommt.

Da fällt Sally auf, dass der Mais auf Bauer Patricks Feld frisch und hoch gewachsen ist, während der Mais auf dem gegenüberliegenden Feld verdorrt. „Ist das etwa ein weiteres Rätsel, Huckle?", möchte Sally wissen. Da kommt dem Kater eine Idee.

„Ich schätze, ich weiß, was mit dem ganzen Wasser passiert ist", sagt Huckle. „Und warum der Mais von Bauer Patrick nicht so verdorrt ist wie der andere Mais!" Die Freunde laufen zum anderen Ende des Maisfelds und sehen Bauer Patrick, der gerade sein Feld bewässert.

Huckle berichtet Bauer Patrick von dem rätselhaften Verschwinden des Wassers aus dem Teich und sagt: „Wir möchten gerne wissen, ob Sie das Wasser aus unserem Badeteich dazu benutzt haben, um Ihr Maisfeld zu bewässern."

„Ja, ja, das ist richtig", antwortet Bauer Patrick. „Nur, was ihr Badeteich nennt, ist mein Bewässerungsteich." „Ihr ... was?", möchte Sally wissen. „Mein Bewässerungsteich!", sagt der Bauer und erklärt: „Das ist ein Teich, der das Wasser speichert, bis ich es brauche, um meine Pflanzen zu bewässern." Da versteht Sally, was Bauer Patrick meint: „So wie das Regenfass bei uns zu Hause, das das Regenwasser für unsere Blumen speichert!"

„Klasse, dann haben wir das Rätsel um das verschwundene Wasser ja gelöst!", ruft Egon begeistert. Ein paar Sekunden später hält auch schon Goldbug Huckle sein Mikrofon unter die Nase und möchte einen Bericht.

Huckle berichtet ihm: „Also, ich fasse mal kurz zusammen:

Zuerst ist uns ein Metallrohr auf dem Grund des Teichs aufgefallen, das an einer anderen Stelle aus dem Boden kam. Wer konnte hier das Wasser entnommen haben?

Dann waren wir in der Abfüll-anlage für Mineralwasser und bei der Feuerwehr. Doch keiner dort konnte für das verschwundene Wasser verantwortlich sein.

Schließlich fiel uns auf, dass die Maispflanzen auf Bauer Patricks Feld trotz der Hitze frisch und kräftig waren."

„Also haben wir Bauer Patrick gefragt", fährt Huckle fort. „Er erzählte uns, dass unser Badeteich in Wirklichkeit sein Bewässerungsteich ist."

Nach Huckles Bericht freuen sich die Freunde und rufen: „Ein Hoch auf Huckle!" Huckle hat mit uns dieses Rätsel lösen können! Du kannst so etwas auch!

Der rätselhafte Feuerdrache

An einem schönen sonnigen Tag ist in Busytown wieder einmal viel los. Huckle und seine Freunde fahren durch die Stadt und treffen auf ihrem Weg viele Bekannte.

Plötzlich kommen die Zwillinge Ohja und Ohnein angerannt. Sie scheinen sehr erschreckt und verängstigt zu sein. Sofort bremsen Huckle, Egon und Sally. „Hey, was ist denn mit euch los, Jungs?", fragt Huckle die beiden.

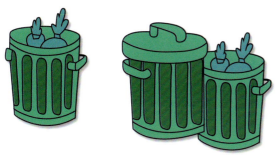

Die Zwillinge berichten: ,,Wir haben einen Drachen gesehen! Er war dort hinten. Es ist ein ganz böser feuerspeiender Drache!" ,,Ihr habt wirklich einen Drachen gesehen?", möchten die Freunde wissen. ,,Bei uns in Busytown?" ,,Also, wirklich gesehen haben wir ihn nicht, aber wir haben ihn brüllen hören!", antworten Ohja und Ohnein.

Da kommt Goldbug, der rasende Reporter, angefahren: „Hallo, ich berichte live vom Ort des Geschehens. Gerade habe ich von einem feuerspeienden Drachen gehört, der sich angeblich in den Straßen von Busytown herumtreibt!"

Huckle berichtet Goldbug: „Die Schweinchen Ohja und Ohnein haben ein Brüllen gehört. Es könnte ein Drache gewesen sein, aber sicher wissen wir es nicht." „Wow", sagt Goldbug. „Das hört sich tatsächlich so an, als hättet ihr mal wieder … ein spannendes Rätsel zu lösen!"

Als die Freunde mit den Ermittlungen beginnen wollen, sehen sie plötzlich einen furchterregenden Schatten an einer Hauswand. Es brummt und faucht ganz fürchterlich. Sie rücken vor Angst eng zusammen. Außerdem stellen sie fest, dass die Müllsäcke, hinter denen sich Ohja und Ohnein versteckt hatten, verschwunden sind. Hat das Ungheuer den ganzen Müll gefressen und verschlingt am Ende noch sie selbst?

Dennoch beschließen sie, zur Straße zu gehen und nach der Ursache für den schrecklichen Lärm zu suchen. Kann es denn wirklich sein, dass es in Busytown Drachen gibt?

Als sie an der Straße ankommen, ist aber weit und breit schon nichts mehr zu sehen. Egon macht die Freunde auf einen komischen Geruch aufmerksam: „Es riecht verbrannt!"

Weil Huckle nicht glaubt, dass es in Busytown Drachen gibt, schlägt er vor, mehr Informationen zu sammeln. Das geht am besten in der Bibliothek. Also fahren die Freunde zur Bibliothek von Busytown.

Dort finden sie viele Bücher, die von Drachen berichten: grüne Drachen mit rosaroten Punkten, fliegende Drachen, die einem alle Wünsche erfüllen, ja sogar unsichtbare Drachen! Huckle sucht jedoch nach einem wissenschaftlichen Buch über Drachen.

Er fragt die Bibliothekarin
um Rat. „Schau doch einfach
mal in einem Lexikon nach", schlägt sie vor.

Das macht Huckle dann auch und findet heraus:
„Drachen sind erfundene Wesen, die aussehen
wie große feuerspeiende Reptilien." „Drachen
gibt es also gar nicht!", folgert Huckle daraus.
Tatsächlich haben die Freunde ja auch nur den
Schatten eines Ungeheuers gesehen.

Um herauszufinden, wie das Ungeheuer tatsächlich aussieht, denkt sich Huckle eine Erfindung aus. Er baut sie an der Stelle auf, an der die Freunde den Schatten gesehen haben.

Zwischen die Müllsäcke spannt er ein Stolperseil, das einen Mechanismus mit Rollen in Gang setzt, wenn es berührt wird. Durch die Rollen wird ein Hebel bewegt, der über einen ausgestopften Handschuh einen Fotoapparat auslöst. „So kann das müllfressende Ungeheuer fotografiert werden", erklärt Huckle seinen Freunden.

Dann probiert der Kater aus, ob seine Erfindung funktioniert. Er läuft mit lautem Gebrüll auf das Seil zu, berührt es und wird fotografiert.

„Dein Drachengebrüll war wirklich richtig gut!", lacht Sally. Doch plötzlich ertönt ein lautes Knarren, Knattern und Fauchen. „Der Drache!", rufen die Schweinchen Ohja und Ohnein entsetzt. „Wir müssen uns verstecken!" Huckle wickelt sich schnell in einen alten Teppich ein. Die anderen verstecken sich unter einem alten Bottich und einem kaputten Sessel.

Nachdem alles vorbei ist, kommen sie wieder aus ihren Verstecken hervor. Egon hatte sich sogar einen Lampenschirm auf den Kopf gesetzt!

Erstaunt stellen Huckle, Sally und die anderen fest, dass wieder alle Müllsäcke fort sind. „Der Drache muss sie wieder aufgefressen haben", vermuten die Freunde.

Tatsächlich hat der Fotoapparat eine Aufnahme gemacht. Huckles „Fotofalle" hat also funktioniert! Das rätselhafte Ungeheuer muss gegen das Stolperseil gestoßen sein, das die Rollen in Gang setzte. Dann wurde der Auslöser der Kamera durch den Hebel gedrückt und ein Foto aufgenommen. Das Licht der Lampe hat dabei hoffentlich hell genug geleuchtet, damit man trotz dem Rauch und Qualm noch etwas auf dem Foto erkennen kann.

„Schauen wir uns doch mal das Foto an", sagt Huckle gespannt. Auf dem Bild kann man vor lauter Qualm fast nichts sehen. Doch als die Freunde genauer hinschauen, erkennen sie Meister Fix Fuchs. „Wenn Meister Fix Fuchs fotografiert worden ist, muss er den Drachen gesehen haben!", sagt Huckle. Also gehen die Freunde zu dem Haus von Meister Fix Fuchs.

Als Huckle und seine Freunde vor dem Haus von Meister Fix Fuchs angekommen sind, klopft Huckle an die Tür. Doch niemand öffnet ihnen. Dabei steht das Auto von Meister Fix Fuchs in der Einfahrt. „Oh, oh! Der Drache wird ihn doch nicht gefressen haben!", rufen Ohja und Ohnein bestürzt.

Nachdem die Freunde ein Hämmern gehört haben, suchen sie nach Meister Fix Fuchs in seiner Werkstatt. Plötzlich sagt Sally: „Pfui, riecht ihr auch, wie es hier stinkt?" Bei der Werkstatt steht ein merkwürdiges Fahrzeug, auf dessen Ladefläche Müllreste hängen. Hier muss der Gestank herkommen.

Auf einmal ruft Huckle: „Seht doch, dort ist wieder der Schatten von dem Drachen an der Hauswand!" Es ist das merkwürdige Fahrzeug von Meister Fix Fuchs, das den Schatten an die Wand wirft.

Plötzlich erwacht das Fahrzeug mit lautem Knarren und Fauchen zum Leben. Ohnein wird von dem riesigen Maul des Greifarms gepackt und in die Höhe gehoben.
„Bitte, bitte, nicht fressen!",
ruft Ohnein verzweifelt.

Da kommt Meister Fix Fuchs aus dem Inneren des Fahrzeugs. Er hat die Hilferufe von Ohnein gehört. Schnell bedient Fix Fuchs ein paar Hebel und setzt Ohnein sanft auf dem Boden ab.

„Mein neuer Müllroboter muss dich wohl für Müll gehalten haben, kleines Schweinchen", meint er. Stolz führt er Huckle und seinen Freunden seine neue Erfindung vor. Da steht auch schon Goldbug vor Huckle und möchte die Lösung des Rätsels wissen.

Also fasst Huckle für Goldbug zusammen, was passiert ist:

„Nachdem wir gesehen haben, wie der Schatten des Drachen Müll verschlungen hat, …

… sind wir in die Bibliothek gegangen, um mehr über Drachen zu erfahren. Dort haben wir gelesen, dass Drachen erfundene Wesen sind.

Wir haben versucht, ein Foto von diesem Wesen zu machen, aber alles, was wir erkennen konnten, war Meister Fix Fuchs.

Und bei ihm haben wir dann entdeckt, dass der Drache in Wirklichkeit seine neueste Erfindung ist: ein Müllroboter!"

„Geben wir ihm einen Namen?", fragt Huckle. „Ich weiß, wie Sie ihre neue Erfindung nennen können", sagt Sally. „Der Mülldrache!" „Das ist perfekt!", freut sich Meister Fix Fuchs. „Er spuckt zwar kein Feuer", sagt Huckle, „aber er stinkt richtig widerlich!"

Und wieder konnten Huckle und seine Freunde ein Rätsel in Busytown lösen. Ein Hoch auf Huckle! Du kannst so etwas auch!

Genehmigte Lizenzausgabe
EDITION XXL GmbH
Fränkisch-Crumbach 2011
www.edition-xxl.de

© 2010 Cookie Jar Entertainment Inc.
,,Hurray for Huckle" ™ und alle zugehörigen Warenzeichen
gehören Cookie Jar Entertainment Inc., werden nur als
Lizenz von Cookie Jar Entertainment Inc. vergeben und
sind urheberrechtlich geschützt. Alle Rechte vorbehalten.

www.hurrayforhuckle.com

ISBN (13)   978-3-89736-430-1
ISBN (10)   3-89736-430-1

Kein Teil dieses Werkes darf ohne schriftliche
Einwilligung des Verlages in irgendeiner Form
(inkl. Fotokopien, Mikroverfilmung oder anderer
Verfahren) reproduziert oder unter Verwendung
elektronischer oder mechanischer Systeme
verarbeitet, vervielfältigt oder verbreitet werden.